FITNESS PARA
TU CEREBRO

Responsable editorial: Víctor Manuel Ruiz Calderón

Traducción: Carlos Ossés Torrón

Composición de cubierta: Celia Antón Santos

Ilustración de cubierta: © 2003-2020 Shutterstock, Inc.

Texto y contenido de los juegos de ingenio © 2000 British Mensa Limited

Texto de introducción, diseño del libro y material gráfico © 2018 Carlton Books Limited

El contenido de esta obra está protegido por la Ley, que establece penas de prisión y/o multas, además de las correspondientes indemnizaciones por daños y perjuicios, para quienes reprodujeren, plagiaren, distribuyeren o comunicaren públicamente, en todo o en parte, una obra literaria, artística o científica, o su transformación, interpretación o ejecución artística fijada en cualquier tipo de soporte o comunicada a través de cualquier medio, sin la preceptiva autorización.

Todos los derechos reservados.

Los juegos de ingenio de este libro aparecieron previamente en *Mensa Puzzle Challenge* y en *Mensa Puzzle Challenge 2*.

© EDICIONES OBERON (GRUPO ANAYA, S.A.), 2020
  Juan Ignacio Luca de Tena, 15. 28027 Madrid
  Depósito legal: M. 9.861-2020
  ISBN: 978-84-415-4293-8

  Impreso en Dubai

FITNESS PARA TU CEREBRO

Más de 100 juegos de ingenio
para poner a prueba tu materia gris

Robert Allen

OBERON

Mensa es una asociación internacional para personas que poseen un elevado cociente intelectual. Cuenta con más de 100.000 socios repartidos en más de 40 países de todo el mundo.

Los objetivos de la sociedad son:

> Identificar y promover la inteligencia humana en beneficio de la humanidad
>
> Fomentar la investigación sobre la naturaleza, las características y los usos de la inteligencia
>
> Proporcionar a sus socios un entorno social e intelectual estimulante

Cualquier persona que pertenezca al 2 % de la población que cuenta con un coeficiente intelectual más elevado puede hacerse socio de Mensa. ¿Eres tú ese «uno de cada 50» que buscamos?

Ser socio de Mensa ofrece numerosas ventajas:

> Actividades en red y eventos sociales a escala nacional e internacional.
>
> Grupos de interés especiales, con cientos de oportunidades para cultivar aficiones e intereses: ¡desde arte hasta zoología!
>
> Revista bimestral para socios y boletines informativos regionales
>
> Encuentros locales con desafiantes juegos de ingenio
>
> Reuniones y congresos de fin de semana nacionales e internacionales
>
> Conferencias y seminarios de gran interés intelectual
>
> Acceso a la red mundial de SIGHT para viajeros y anfitriones

Para más información sobre Mensa:

 www.mensa.es

 info@mensa.es

Índice

INTRODUCCIÓN 7
JUEGOS 8
SOLUCIONES 160

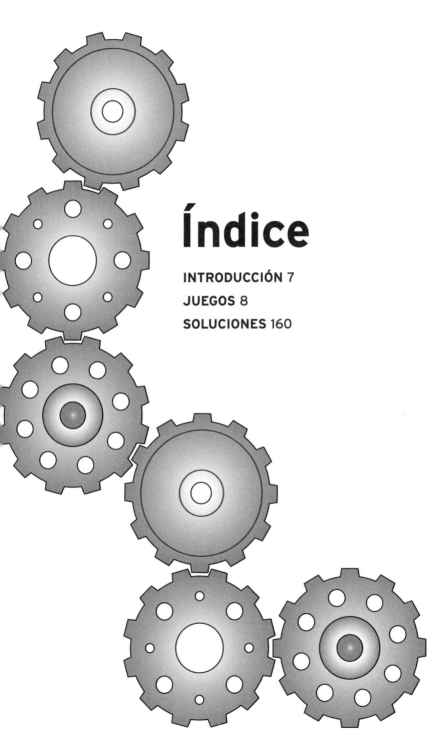

Introducción

Te damos la bienvenida a este animado libro de ejercicios mentales. Esperamos que no solo te resulte estimulante y útil, sino que además sea entretenido y se integre en tu rutina diaria de entrenamiento mental. Contiene más de 130 juegos de ingenio, algunos bastante sencillos y otros ciertamente difíciles. En cierto modo, te corresponde a ti decidir cuál es su grado de dificultad, ya que eso depende de la personalidad y de los métodos de resolución de cada uno. Pero, si en algún momento te quedas atascado en un juego, te aconsejo que hagas una pausa y ocupes tu mente en otra cosa, tal vez en otro juego, antes de retomar la búsqueda de la solución. A veces, solo se necesita eso para encontrar la respuesta o recibir la ráfaga de inspiración que precisas. Y, si te quedas totalmente atascado, no te preocupes, porque, como último recurso, al final del libro hemos incluido las soluciones de cada juego.

¡Así que diviértete, trabaja mucho y disfruta mientras mantienes tu mente en forma!

Juegos

Juego 1

Encuentra las dos caras de estos cubos que contienen los mismos símbolos.

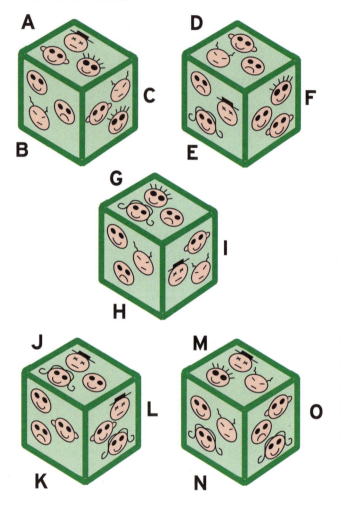

Ver solución en la página 162

Juego 2

Descubre cuál de estas bolas no está relacionada con las demás.

Ver solución en la página **162**

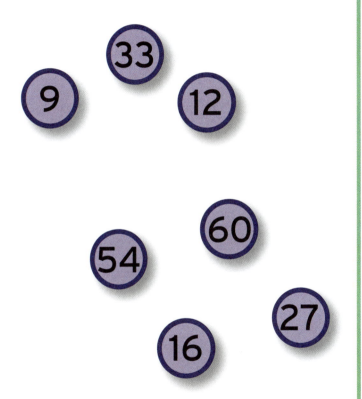

Juego 3

Reemplaza los signos de interrogación por + o − de modo que las dos secciones del diagrama obtengan el mismo valor.

Ver solución en la página **162**

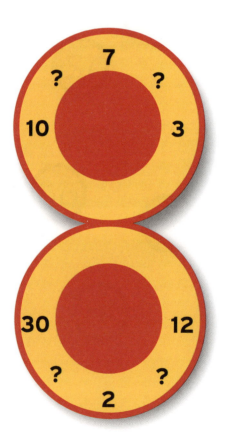

Juego 4

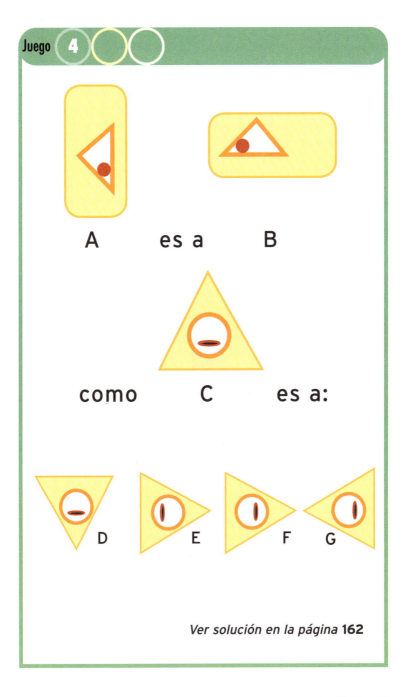

A   es a   B

como   C   es a:

Juego 5

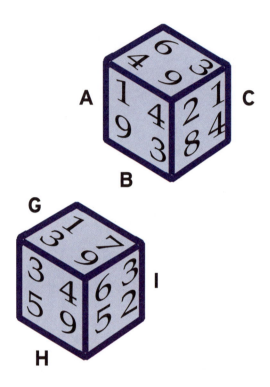

Encuentra las dos caras de estos cubos que contienen exactamente los mismos números.

Ver solución en la página 162

Juego 5

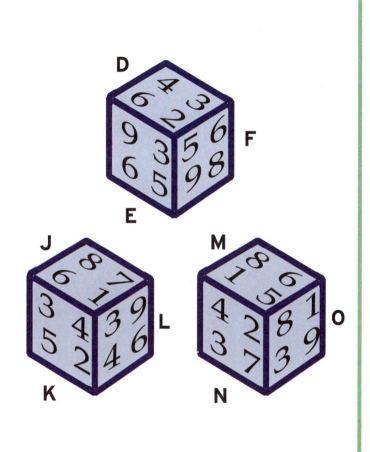

Juego 6

¿Qué signos matemáticos deben sustituir a los interrogantes del diagrama?

Ver solución en la página **162**

Juego 7

Los cuatro triángulos comparten una simple fórmula matemática. Descúbrela y encuentra la excepción.

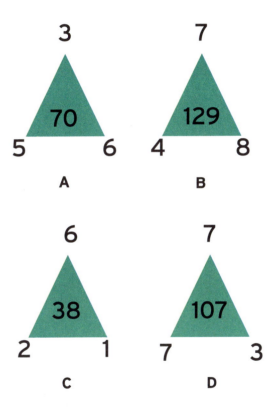

Ver solución en la página **162**

Juego 8

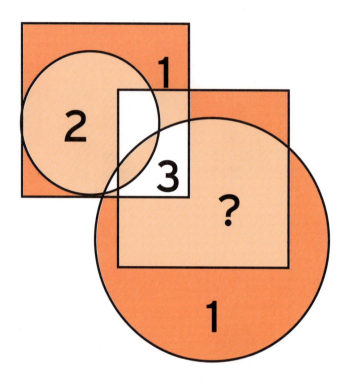

Descubre la lógica que rige este diagrama y sustituye el interrogante por un número.

Ver solución en la página 162

Juego 9

Averigua cómo seguiría esta serie.

Ver solución en la página **162**

Juego 10

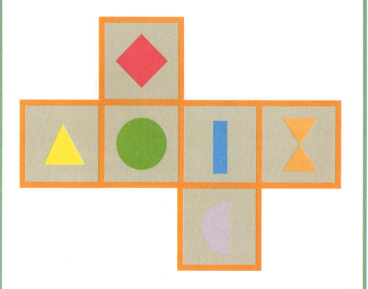

Descubre cuál de estos cubos no se puede formar a partir de este diseño.

Ver solución en la página **162**

Juego 10

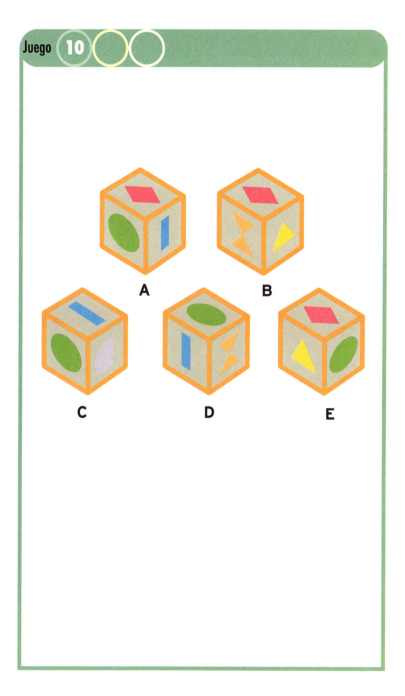

Juego 11

Reemplaza los signos de interrogación de este diagrama por x o ÷ de modo que las dos secciones obtengan el mismo valor.

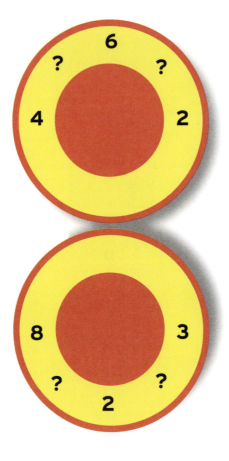

Ver solución en la página 162

Juego 12

Encuentra las tres caras de estos cubos que contienen los mismos símbolos.

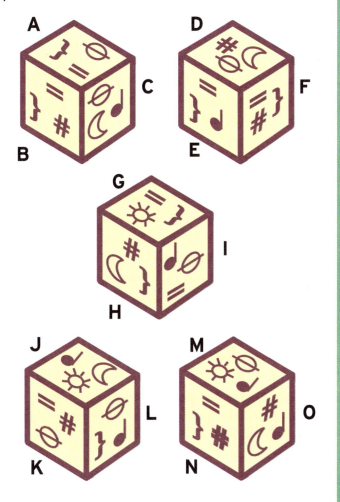

Ver solución en la página **162**

Juego 13

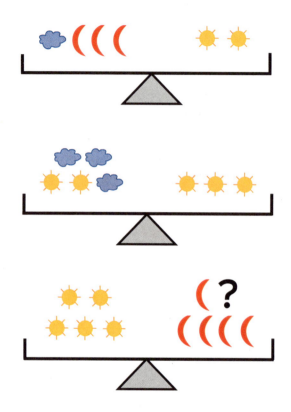

Cada uno de los símbolos representa un valor. ¿Qué símbolos debes añadir para equilibrar la última balanza?

Ver solución en la página 162

Juego 14

Descubre cuál de estas bolas no está relacionada con las demás.

Ver solución en la página **162**

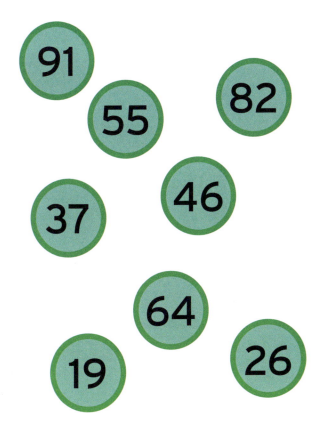

Juego 15

Estas casillas, cuando se colocan en el orden correcto, forman un cuadrado en el que la primera línea horizontal es idéntica a la primera línea vertical y así sucesivamente. ¿Serías capaz de formar el cuadrado?

Ver solución en la página 162

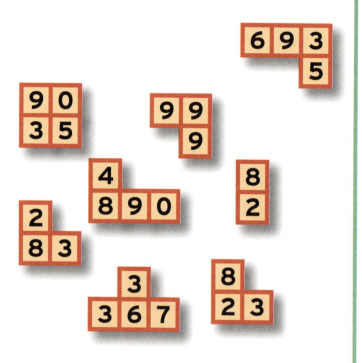

Juego 15

Juego 16

Descubre qué número debe sustituir al interrogante en el cuadrado.

Ver solución en la página **163**

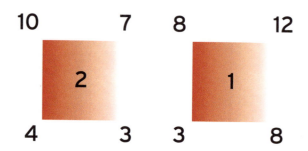

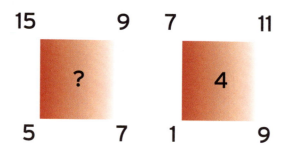

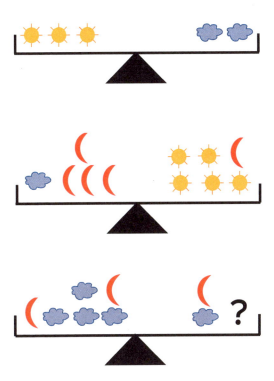

¿Qué símbolos deben sustituir al interrogante para equilibrar la última balanza?

Ver solución en la página **163**

Juego 18

Descubre cuál de estos símbolos no está relacionado con los demás.

Ver solución en la página **163**

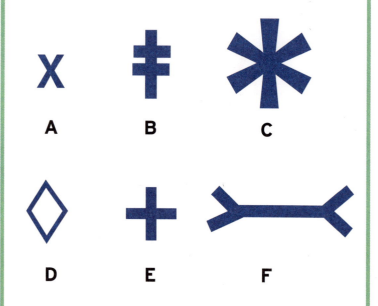

A B C

D E F

Juego 19

Encuentra el número que sustituye al interrogante para seguir el patrón de las otras ruedas.

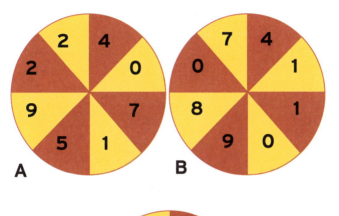

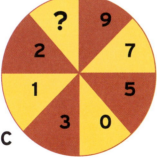

Ver solución en la página 163

Juego 20

En este diagrama, empezando por la parte superior del rombo y siguiendo en el sentido de las agujas del reloj, se han omitido los cuatro signos matemáticos básicos (+, −, x, ÷). Tu tarea consiste en restituirlos de tal modo que el cálculo, con la respuesta que aparece en el centro, sea correcto.

Ver solución en la página **163**

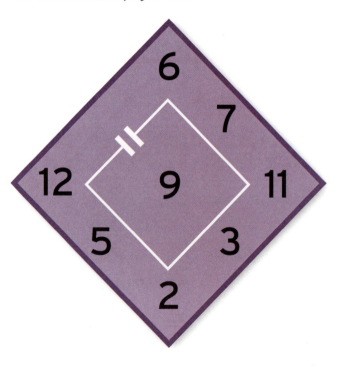

Juego 21

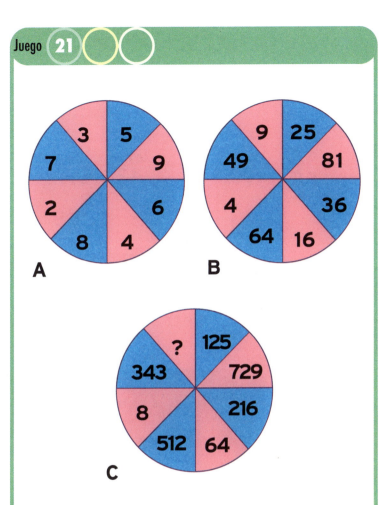

Los números de estos círculos siguen una curiosa lógica. Descubre cuál es y encuentra el número que falta.

Ver solución en la página 163

Juego 22

| A | es a | B |

68 57
15   31
26 42

42 51
13   68
26 75

como   C   es a:

24 59
93   46
82 13

Juego 22

D
42 95
63   31
28 39

E
28 46
59   42
31 93

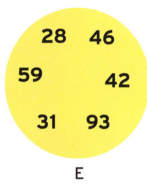

F
95 24
39   31
82 46

G
93 42
46   13
95 28

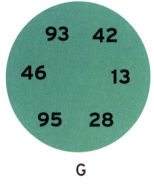

Ver solución en la página 163

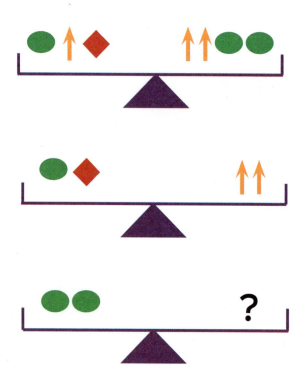

Averigua qué símbolo equilibraría la tercera balanza.

Ver solución en la página 163

Juego 24

Descubre cuál de estos diagramas es distinto de los demás.

A B C D E

Ver solución en la página 163

Juego 25

Averigua qué hora debe marcar la esfera del reloj que aparece sin manecillas.

Ver solución en la página 164

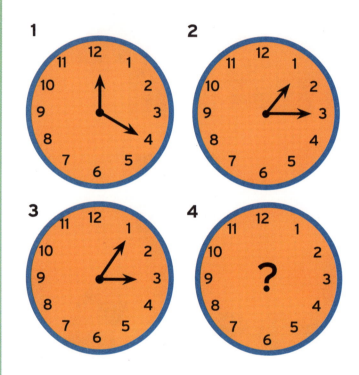

Juego 26

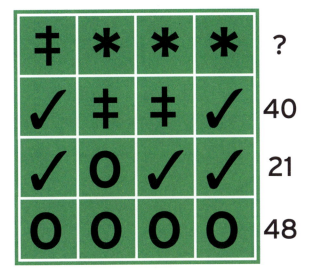

Descubre qué número representa cada símbolo y encuentra el valor del interrogante.

Ver solución en la página 164

Juego 27

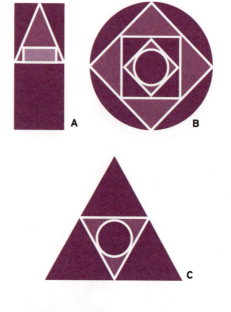
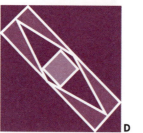

Averigua cuál de estas figuras no está relacionada con las demás.

Ver solución en la página 164

Juego 28

Observa las esferas que aparecen abajo. Averigua la lógica que sigue la serie y escoge de la segunda fila el reloj que debe sustituir al que aparece sin manecillas.

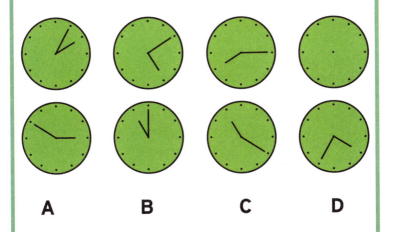

A **B** **C** **D**

Ver solución en la página 164

Juego 29

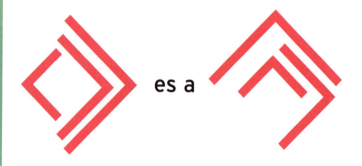

Ver solución en la página 164

Juego 29

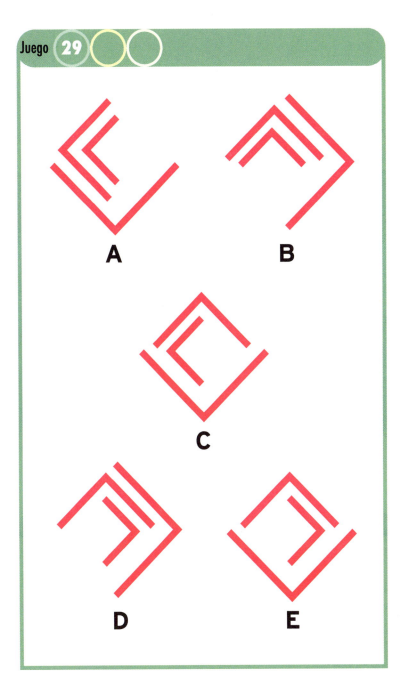

Juego 30

¿Cuál de las siguientes formas constituye un triángulo perfecto cuando se combina con la imagen de abajo?

Ver solución en la página 164

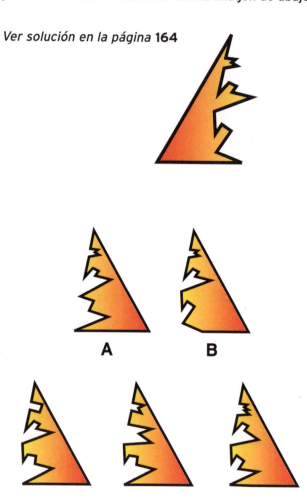

Juego 31

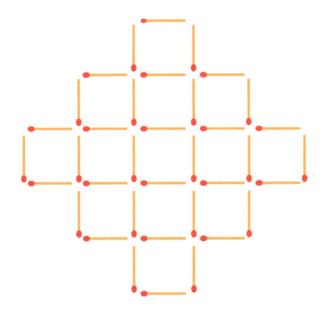

Toma cuatro cerillas de este diagrama de tal modo que queden ocho cuadrados pequeños.

Ver solución en la página **164**

Juego 32

Descubre cuál de estas figuras no está relacionada con las demás.

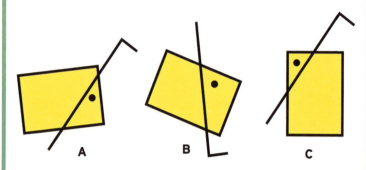

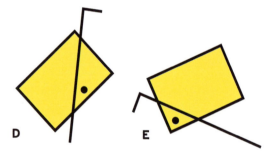

Ver solución en la página 164

Juego 33

Averigua cuál de estas figuras no está relacionada con las demás.

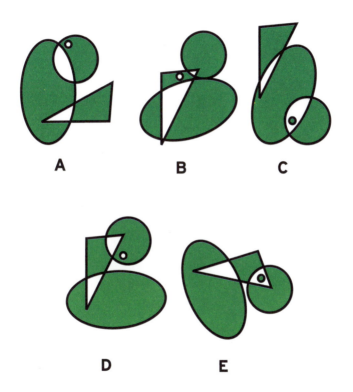

Ver solución en la página 164

Juego 34

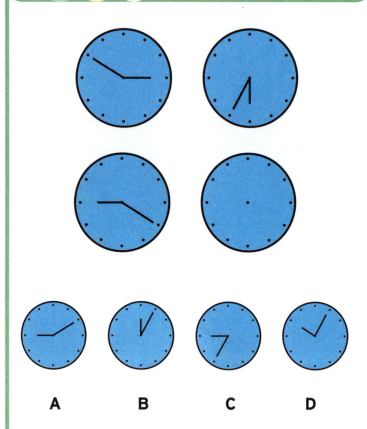

A **B** **C** **D**

Otra serie de esferas de reloj. Una vez más, tienes que averiguar la lógica que sigue la serie y escoger el reloj de la fila inferior que debe sustituir al que aparece sin manecillas.

Ver solución en la página **164**

Juego 35

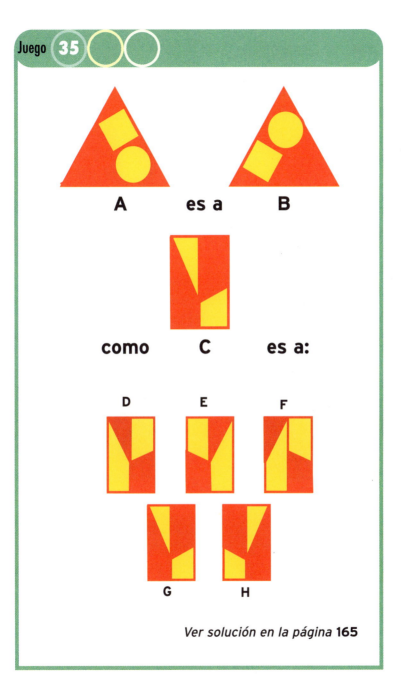

Ver solución en la página 165

Juego 36

Descubre qué imagen sigue la secuencia.

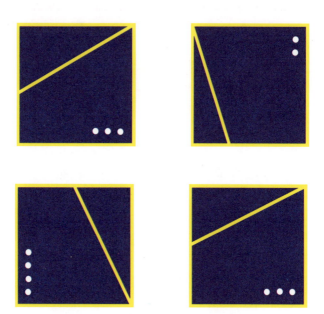

Ver solución en la página **165**

Juego 36

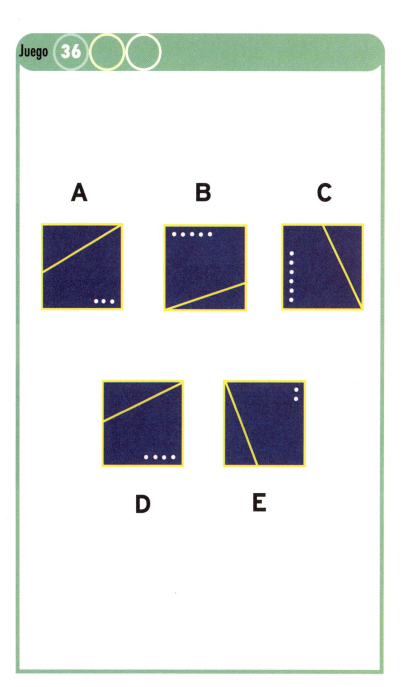

Juego 37

Descubre qué caras de estos cubos contienen las mismas letras.

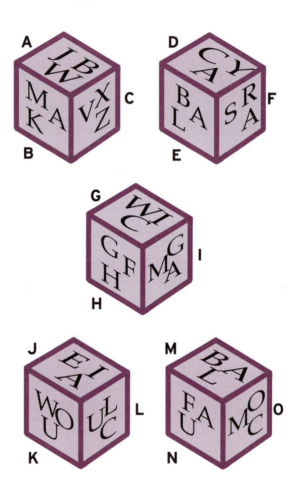

Ver solución en la página 165

Juego 38

¿Qué letra sustituye al interrogante?

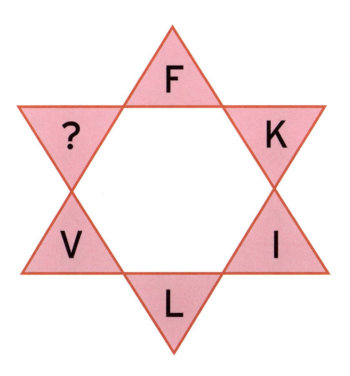

Ver solución en la página **165**

Juego 39

En este diagrama, empezando por la parte superior del rombo y siguiendo en el sentido de las agujas del reloj, se han omitido los cuatro signos matemáticos básicos (+, −, x, ÷). Tu tarea consiste en restituirlos de tal modo que el cálculo, con la respuesta que aparece en el centro, sea correcto.

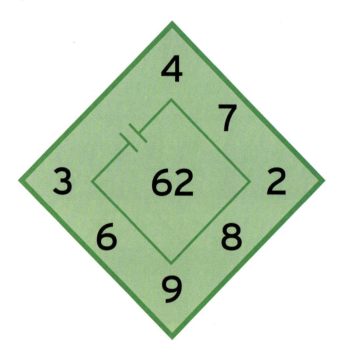

Pista: tres de los signos se usan dos veces cada uno.

Ver solución en la página 165

Juego 40

Descubre qué número se necesita para completar el cuadro.

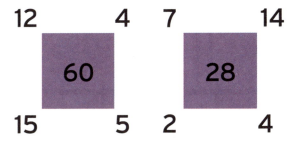

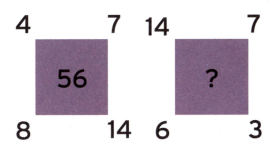

Ver solución en la página 165

Juego 41

Alguien ha cometido un error al decorar este pastel. ¿Puedes corregir el patrón?

Ver solución en la página **165**

Juego 42

Encuentra un número que sustituya al interrogante.
Cada color representa un número inferior a 10.

Ver solución en la página **165**

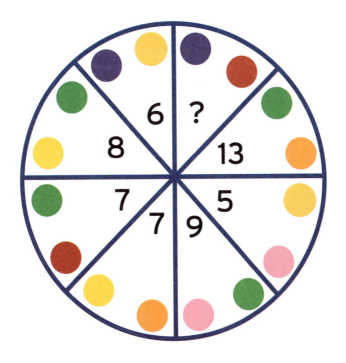

Juego 43

¿Qué cubo no puede formarse a partir de este diseño?

Juego 43

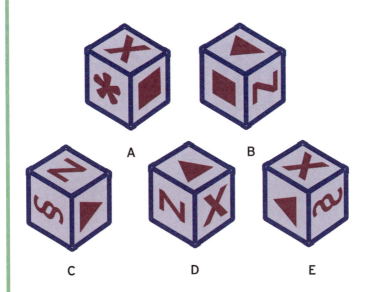

A　　　B

C　　　D　　　E

Ver solución en la página **165**

Juego 44

Descubre el razonamiento sobre el que se basan estos cuadrados y sustituye el interrogante por un número.

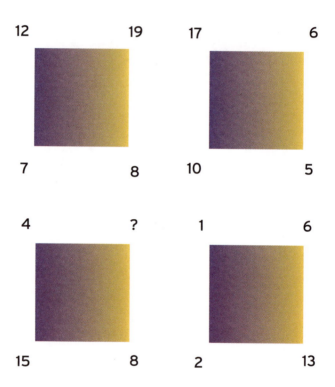

Ver solución en la página **165**

Juego 45

Encuentra el número que debe sustituir al interrogante.

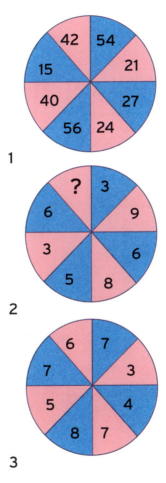

1

2

3

Ver solución en la página 165

Juego 46

Descubre el razonamiento sobre el que se basa este cuadrado y sustituye el interrogante por la forma correcta.

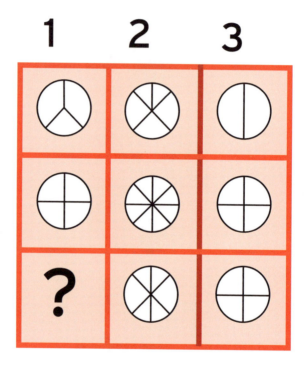

Ver solución en la página 166

Juego 47

Cinco ciclistas participan en una carrera.
El número de cada ciclista y el tiempo que emplea en efectuar la carrera están relacionados entre sí.
Averigua el número del último ciclista.

N.º 9

Tarda 1 h 35 min

N.º 10

Tarda 1 h 43 min

N.º 11

Tarda 1 h 52 min

N.º 14

Tarda 2 h 27 min

N.º ?

Tarda 2 h 33 min

Ver solución en la página **166**

Juego 48

Averigua el diagrama que continuaría la serie.

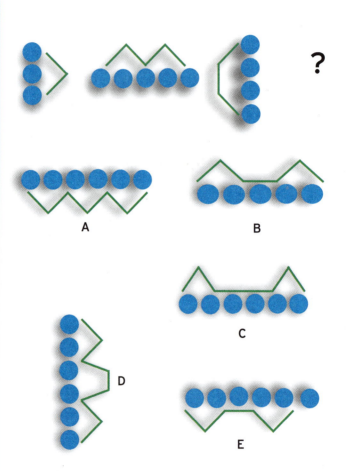

Ver solución en la página **166**

Juego 49

Descubre el número que falta.

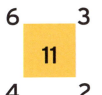

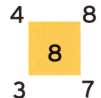

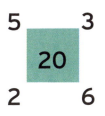

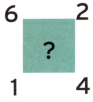

Ver solución en la página 166

Juego 50

Descubre cuál de estos cubos se puede formar a partir del diseño de arriba.

Ver solución en la página **166**

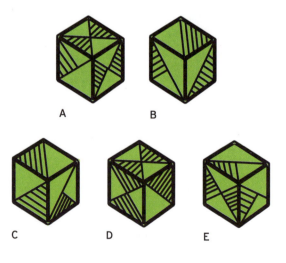

A B C D E

Juego 51

Averigua cuál de estos símbolos sigue la secuencia.

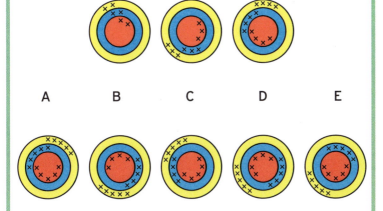

A   B   C   D   E

Ver solución en la página **166**

Juego 52

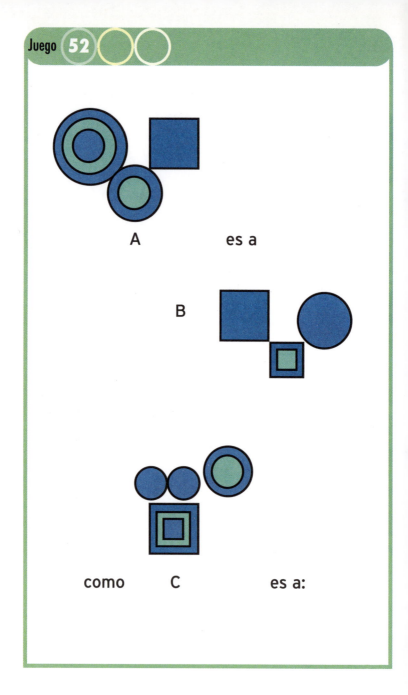

A   es a

B

como   C   es a:

Juego 52

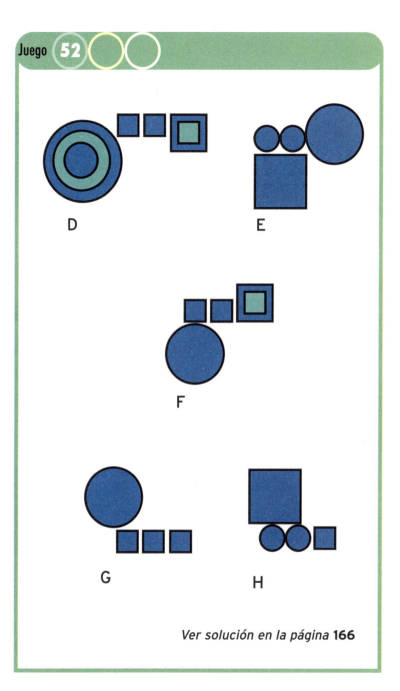

Ver solución en la página 166

Juego 53

Descubre cuál debe ser la siguiente cuadrícula de la secuencia.

 ?

Ver solución en la página 167

Juego 54

Averigua cuál de estos cubos no se puede formar a partir de este diseño.

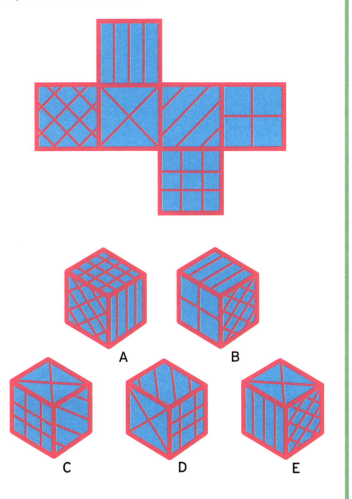

Ver solución en la página **167**

Juego 55

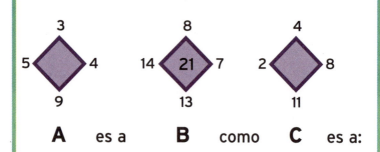

A es a **B** como **C** es a:

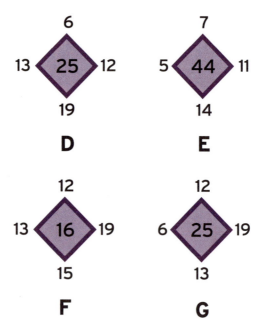

Ver solución en la página 167

Juego 56

Cada caballo carga con un peso.
Averigua el número del último caballo.

N.º 4 15kg

N.º 7 18kg

N.º 3 14kg

N.º 8 19kg

N.º ? 24kg

Ver solución en la página **167**

Descubre la forma que continuaría la serie de arriba.

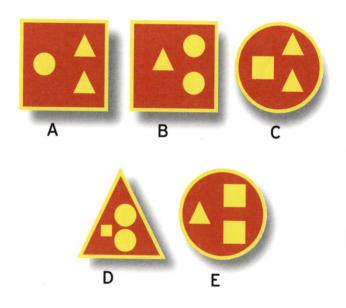

Juego 58

Averigua el razonamiento que siguen estos cuadrados y encuentra el número que falta.

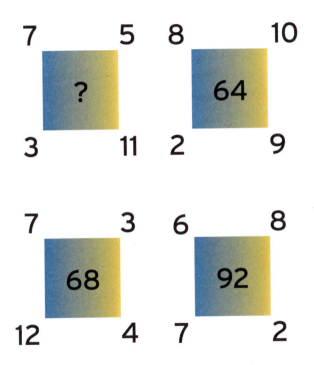

Ver solución en la página 167

Juego 59

Todas estas bicicletas participaron en una carrera nocturna. ¡Y ocurrió algo muy extraño! Los tiempos de salida y de llegada de las bicicletas guardan una relación matemática. Si consigues descubrir esa relación, deberías ser capaz de determinar cuándo terminó la bicicleta D.

Ver solución en la página **167**

A SALIDA 3:15

LLEGADA 2:06

B SALIDA 3:20

LLEGADA 1:09

C SALIDA 5:24

LLEGADA 2:11

D SALIDA 7:35

LLEGADA ?

E SALIDA 6:28

LLEGADA 4:22

Juego 60

¿A cuál de estos diagramas podrías añadir un círculo de tal modo que cumpliera las condiciones de la figura que se encuentra en la parte superior?

Ver solución en la página **168**

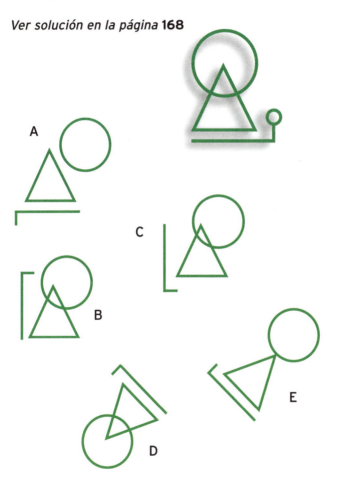

Juego 61

¿Cuál de las secciones que se muestran completaría lógicamente el cuadro?

Juego 61

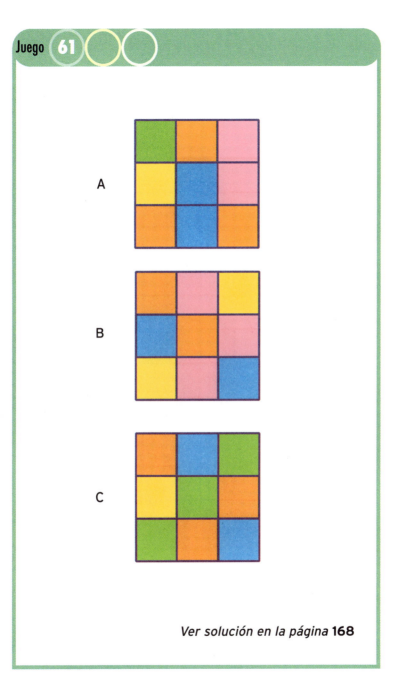

Ver solución en la página **168**

Juego 62

¿Cuál de las siguientes formas encaja para completar el polígono?

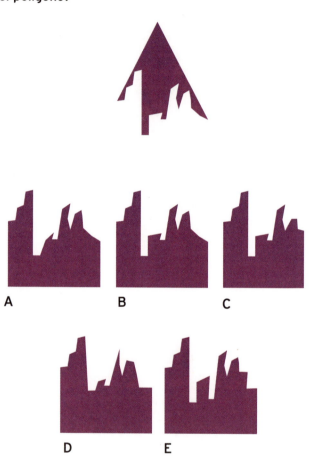

Ver solución en la página 168

Juego 63

¿Por qué número se debe sustituir el interrogante?

Ver solución en la página **168**

4	x 3 +		8
=			÷
5			2
-			+
?	x 7 ÷		11

Juego 64

Descubre cuál de estos cuadrados no está relacionado con los demás.

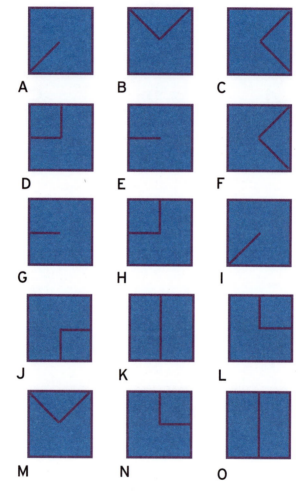

Ver solución en la página **168**

Juego 65

Encuentra cuál de estas formas no está relacionada con las demás.

Ver solución en la página **168**

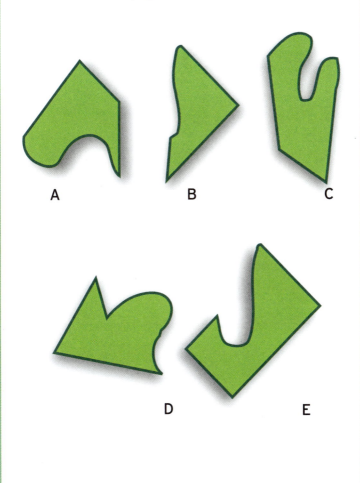

Descubre el número que sustituye al interrogante.

?	-	5	x	4
÷				÷
14				6
+				-
8	=	5	+	1

Ver solución en la página **168**

Juego 67

Encuentra el número que debe sustituir al interrogante.

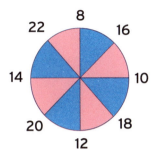

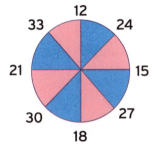

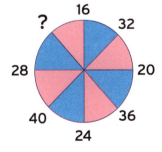

Ver solución en la página 168

Juego 68

Descubre cuál de estos cubos se puede formar a partir de este diseño.

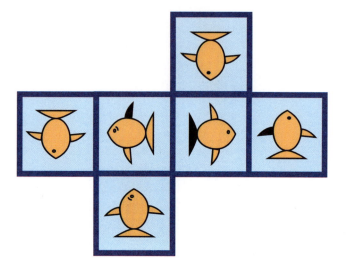

Juego 68

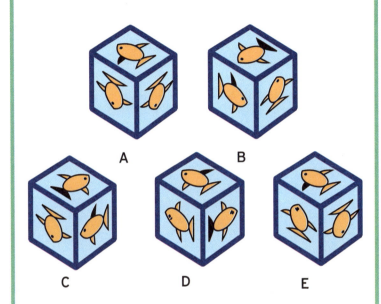

Ver solución en la página **168**

Juego 69

Averigua cuál de estas formas no está relacionada con las demás.

Ver solución en la página **168**

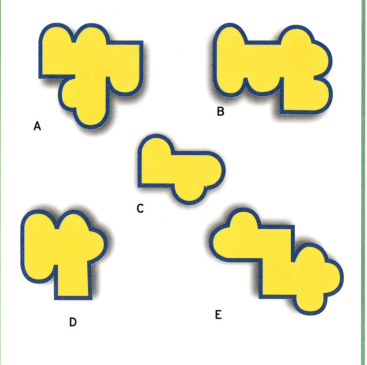

Juego 70

Descubre cuál es el segmento que falta en la última rueda.

Ver solución en la página 169

Juego 71

Descubre cuál es la siguiente rueda de la secuencia.

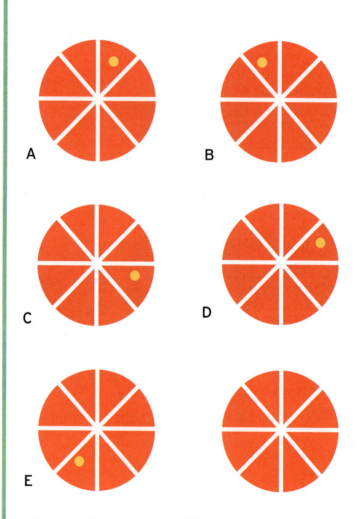

Ver solución en la página 169

Juego 72

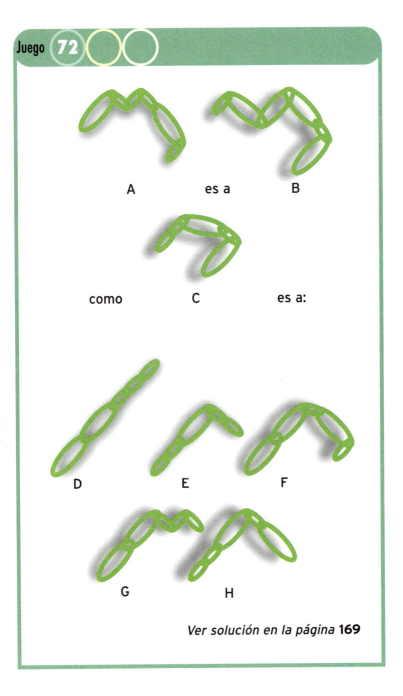

A es a B

como C es a:

D E F

G H

Ver solución en la página **169**

Juego 73

Encuentra el razonamiento sobre el que se basan estos cuadrados y sustituye el interrogante por un número.

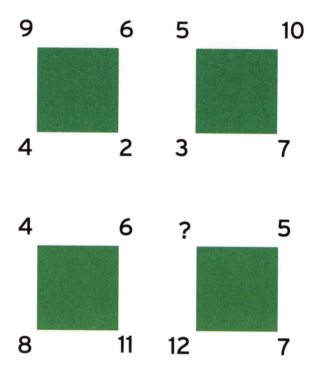

Ver solución en la página 169

Juego 74

Descubre cuál de estas formas no está relacionada con las demás.

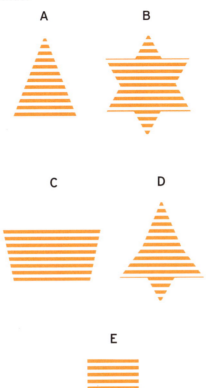

Ver solución en la página **169**

Juego 75

Descubre cuál de estos diagramas no está relacionado con los demás.

Ver solución en la página **169**

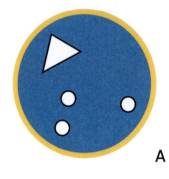

A

B

Juego 75

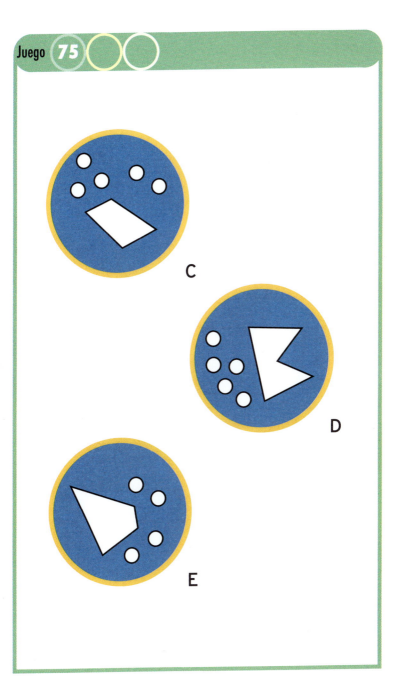

Juego 76

Encuentra el razonamiento sobre el que se basan estos triángulos y sustituye el interrogante por un número.

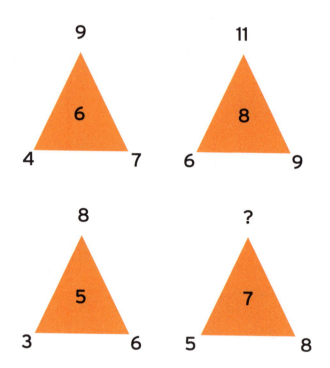

Ver solución en la página **169**

Juego 77

Descubre el número que debe sustituir al interrogante.

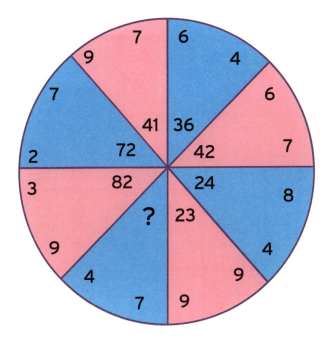

Ver solución en la página **169**

Juego 78

Cinco ciclistas participan en una carrera. El número de cada uno de ellos y su hora de llegada guardan una relación. Descubre el número del ciclista que llega a las 2:30.

N.º 10

Llegada 2:15

N.º 2

Llegada 3:02

N.º 30

Llegada 2:45

N.º 8

Llegada 3:08

N.º ?

Llegada 2:30

Ver solución en la página **170**

Juego 79

Utilizando las cantidades de tiempo indicadas, ¿puedes averiguar si tienes que moverte hacia adelante o hacia atrás para ir de la hora que marca el reloj de arriba a la que marca el reloj de abajo?

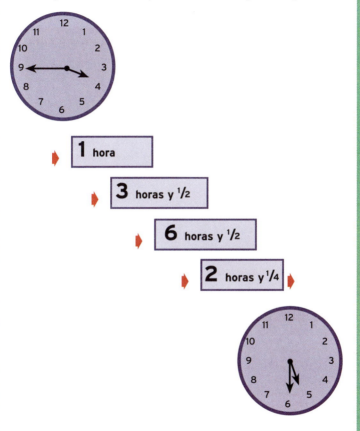

- **1** hora
- **3** horas y 1/2
- **6** horas y 1/2
- **2** horas y 1/4

Ver solución en la página **170**

Juego 80

Encuentra el razonamiento sobre el que se basa este cuadrado y sustituye el interrogante por un número.

Ver solución en la página **170**

5	3	8	7
12	15	49	56
3	9	4	12
18	27	36	?

Juego 81

Descubre cuál de estas formas debe sustituir al interrogante.

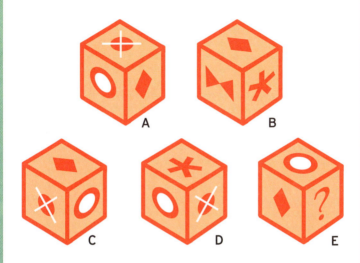

Ver solución en la página **170**

Juego 82

Descubre qué color sustituye al interrogante.

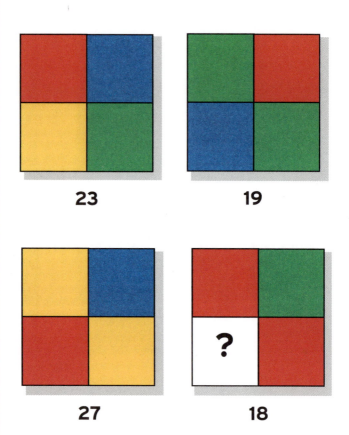

Ver solución en la página 170

Juego 83

Averigua cuál de estos símbolos sigue la secuencia de arriba.

Ver solución en la página **170**

A   B   C   D   E

Juego 84

Descubre el razonamiento sobre el que se basan estos triángulos y sustituye el interrogante por un número.

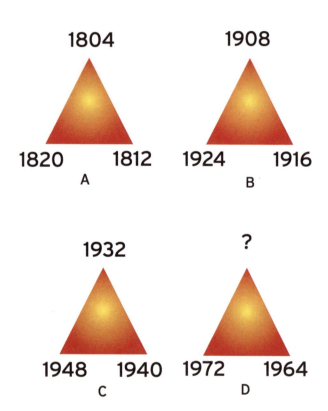

Ver solución en la página **170**

Juego 85

Las siguientes esferas de reloj guardan una relación.
Averigua la hora que marca el reloj número 3.

Ver solución en la página 170

Juego 86

Encuentra el número que sustituye al interrogante en el cuadrado.

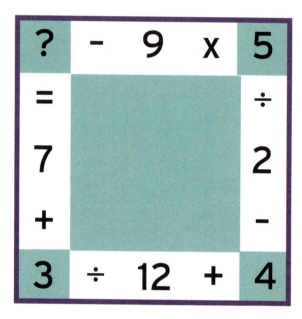

Ver solución en la página 170

Juego 87

Descubre cuál de estos diagramas no está relacionado con los demás.

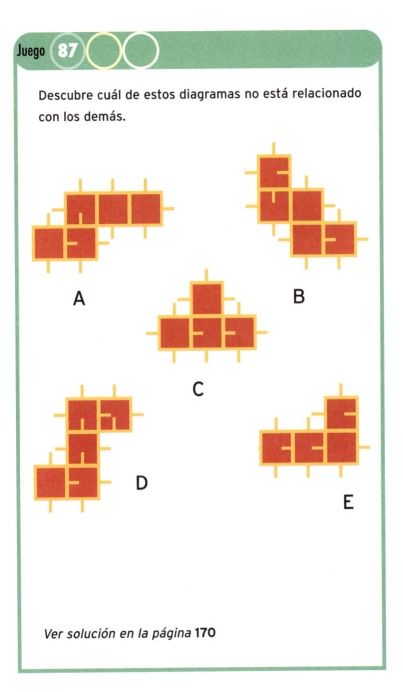

Ver solución en la página 170

Juego 88

Averigua cuál de estos cubos es distinto a los demás.

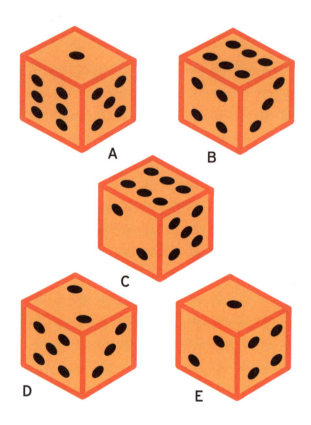

Ver solución en la página **170**

Juego 89

Cada tractor ha trabajado sobre la extensión de tierra indicada entre paréntesis. La cifra que aparece debajo del tractor corresponde a los kilos de patatas recolectadas. Existe una relación entre el número del tractor, la extensión de tierra cultivada y el peso de las patatas recolectadas. Descubre la extensión de tierra cultivada del tractor B.

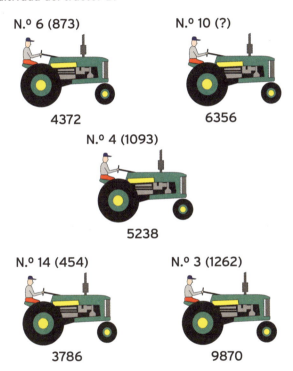

N.º 6 (873)
4372

N.º 10 (?)
6356

N.º 4 (1093)
5238

N.º 14 (454)
3786

N.º 3 (1262)
9870

Ver solución en la página **171**

Juego 90

Descubre el razonamiento sobre el que se basan estos cuadrados y encuentra el número que falta.

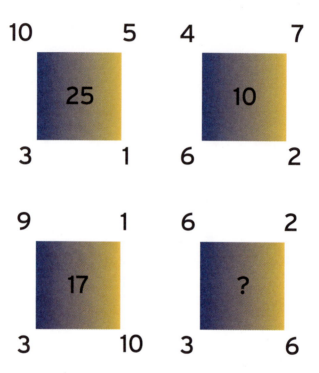

Ver solución en la página 171

Juego 91

Averigua el número que falta en este cuadrado.

1536	48	96	3
384	192	24	12
768	96	48	6
192	?	12	24

Ver solución en la página **171**

Juego 92

Descubre cuál es la flor que sigue la serie.

Ver solución en la página 171

Juego 93

32　　　　41　　　?

Averigua el número que debe aparecer debajo del 7.

Ver solución en la página 171

Juego 94

Averigua el razonamiento sobre el que se basa esta rueda y sustituye el interrogante por un número.

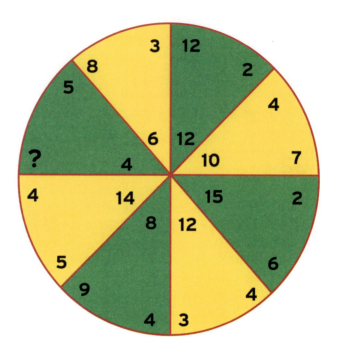

Ver solución en la página 171

Juego 95

Descubre el razonamiento sobre el que se basa este diagrama y encuentra el número que falta.

Ver solución en la página 172

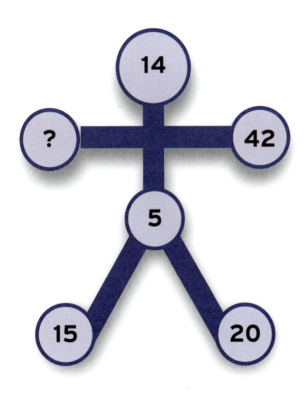

Juego 96

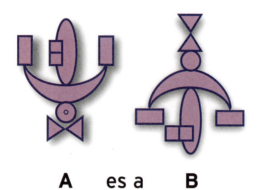

A es a **B**

como **C** es a:

Juego 96

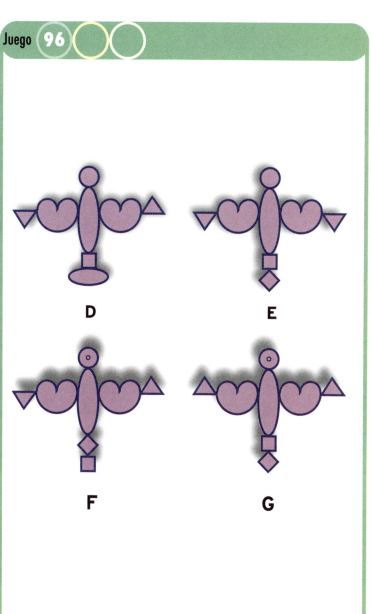

D

E

F

G

Ver solución en la página 172

Juego 97

Encuentra el diagrama no relacionado con los demás.

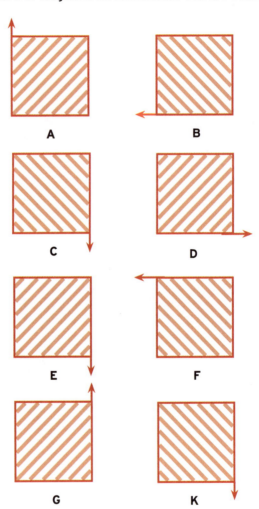

Ver solución en la página **172**

Juego 98

Estas piezas, si se juntan correctamente, forman un cuadrado. Sin embargo, una de ellas sobra. Descubre cuál es.

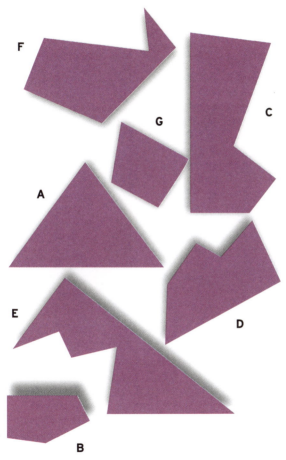

Ver solución en la página 172

Juego 99

Averigua el número que sustituye al interrogante.

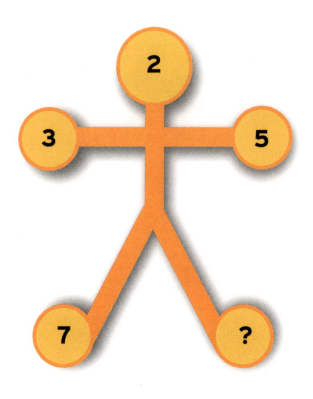

Ver solución en la página 172

Descubre cuál de estos números no está relacionado con los demás.

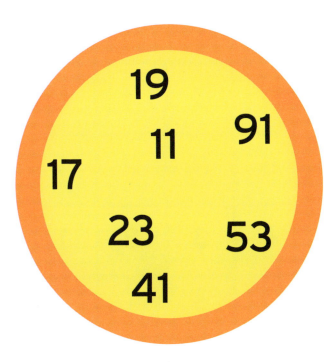

Ver solución en la página **172**

Juego 101

Este cuadro sigue un patrón. Descúbrelo y sustituye el interrogante por un número.

Ver solución en la página **172**

3	3	9	3
5	8	2	1
4	3	8	1
8	2	1	?

Juego 102

¿Cuál es el tiempo correcto del globo E?

A 13 horas
   18 minutos

B 28 horas
   35 minutos

C 16 horas
   21 minutos

D 7 horas
   19 minutos

E a) 13 horas 29 minutos
   b) 12 horas 35 minutos
   c) 7 horas 12 minutos
   d) 12 horas 7 minutos

Ver solución en la página 172

Juego 103

Encuentra qué dos modelos no pueden formarse a partir del siguiente diseño.

Ver solución en la página 172

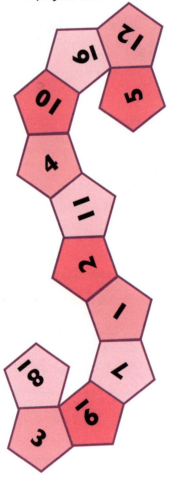

Juego 103

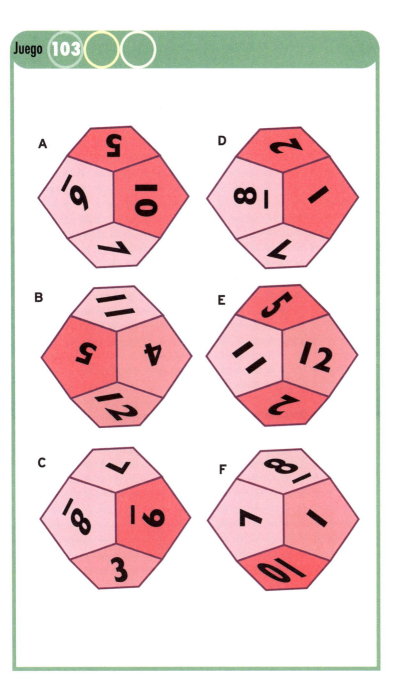

Juego 104

Descubre cuál de estas figuras no está relacionada con las demás.

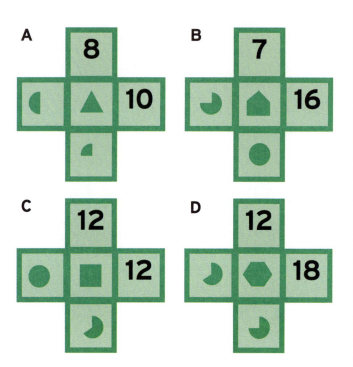

Ver solución en la página 172

Juego 105

4	8	3	2	7	5	6	1	9	4	?
2	3	7	6	2	4	1	5	3	7	90
8	7	3	2	4	6	9	1	4	2	101
4	3	6	8	2	9	7	6	8	7	115
3	2	1	6	9	8	8	7	3	4	101
6	2	3	8	4	1	9	7	2	6	104
7	3	4	2	1	9	4	5	3	5	100
6	5	4	3	2	8	4	7	6	1	103
3	5	2	1	8	6	9	4	3	7	106
6	8	7	3	2	4	5	9	5	6	109

103 98 99 100 81 117 121 109 99 107

Encuentra el número que sustituye al interrogante.
Cada color representa a un número inferior a 10.

Ver solución en la página **173**

Juego 106

Averigua el número que sustituye al interrogante.
Cada color representa a un número inferior a 10.

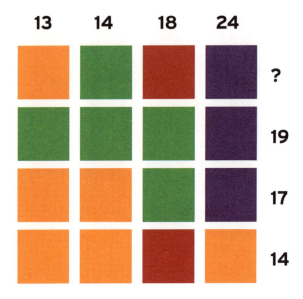

Ver solución en la página 173

Juego 107

Encuentra el número que debe sustituir al interrogante.
Cada color representa a un número inferior a 10.

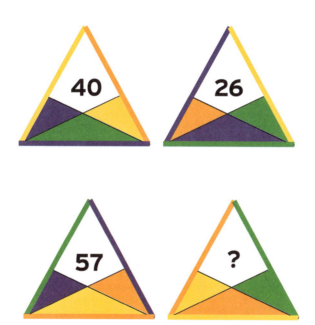

Ver solución en la página **173**

Juego 108

Estas piezas, si se juntan correctamente, forman un cuadrado. Sin embargo, una de ellas no encaja. Descubre cuál es.

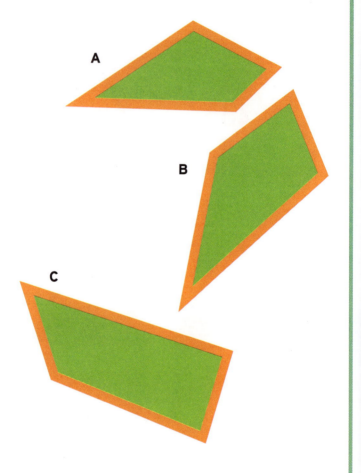

Ver solución en la página 173

Juego 108

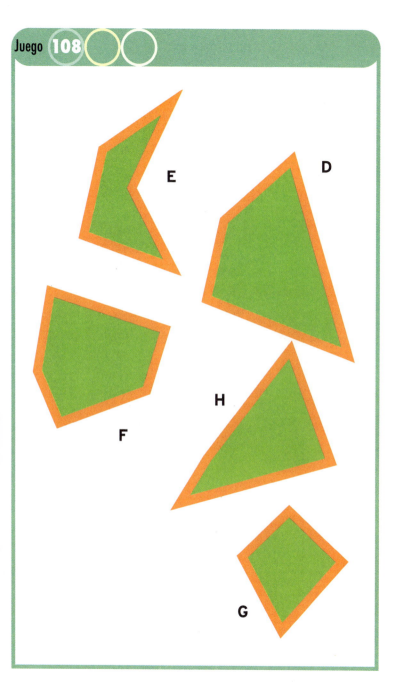

131

Juego 109

Descubre el número que sustituye al interrogante.
Cada color representa a un número inferior a 10.

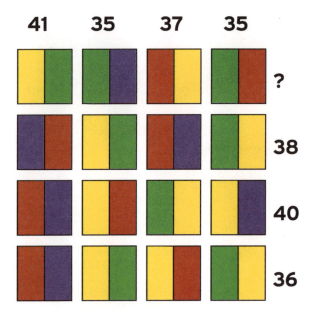

Ver solución en la página 173

Juego 110

Si la flecha negra avanza en la dirección indicada, ¿la carga ascenderá o descenderá?

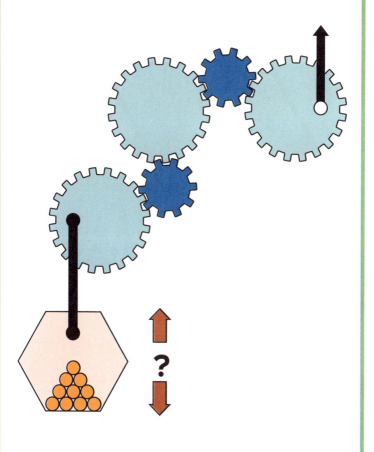

Ver solución en la página 173

Juego 111

Encuentra el número que sustituye al interrogante.
Cada color representa a un número inferior a 10.

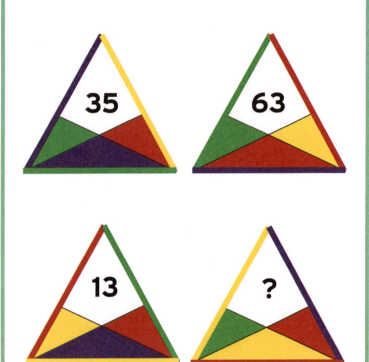

Ver solución en la página 173

Juego 112

Toma nueve cerillas o mondadientes y disponlos en tres triángulos. Intenta formar cinco triángulos moviendo tres cerillas.

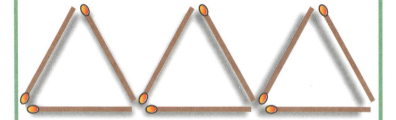

Ver solución en la página 173

Juego 113

Averigua el número que debe sustituir al interrogante.
Cada color representa a un número inferior a 10.

Ver solución en la página **174**

Juego 114

Encuentra el número que sustituye al interrogante.
Cada color representa a un número inferior a 10.

Ver solución en la página **174**

Juego 115

Descubre cuál de las formas de la página siguiente continúa la serie.

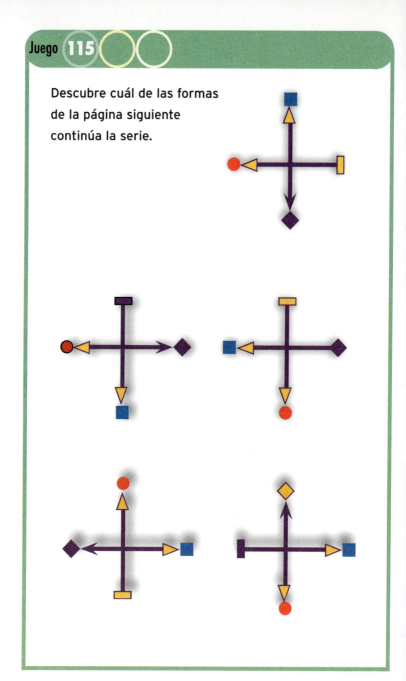

Juego 115

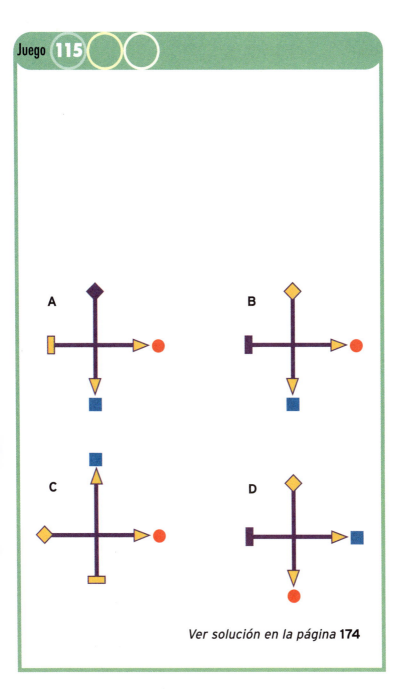

Ver solución en la página 174

Juego 116

Observa los extraños relojes de abajo. Si averiguas la lógica que los relaciona, podrás descubrir la hora que debe aparecer en la esfera del quinto reloj.

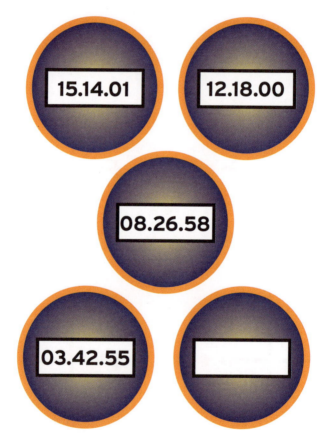

Ver solución en la página 174

Juego 117

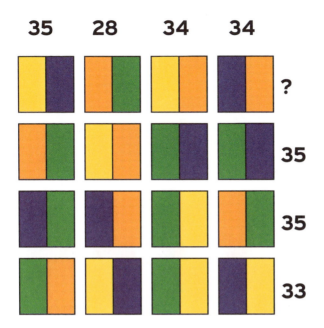

Encuentra el número que sustituye al interrogante.
Cada color representa a un número inferior a 10.

Ver solución en la página 174

Juego 118

Averigua cuál de los siguientes elementos forma un círculo cuando se combina con el diagrama de arriba.

Ver solución en la página 174

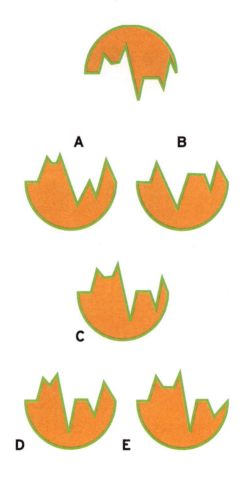

Juego 119

Descubre qué cubo se puede formar usando este diseño:

Ver solución en la página **174**

Juego 120

Descubre cuál de las formas de la derecha se puede crear a partir de este diseño.

Ver solución en la página **174**

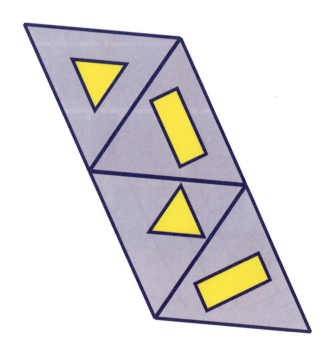

Juego 120

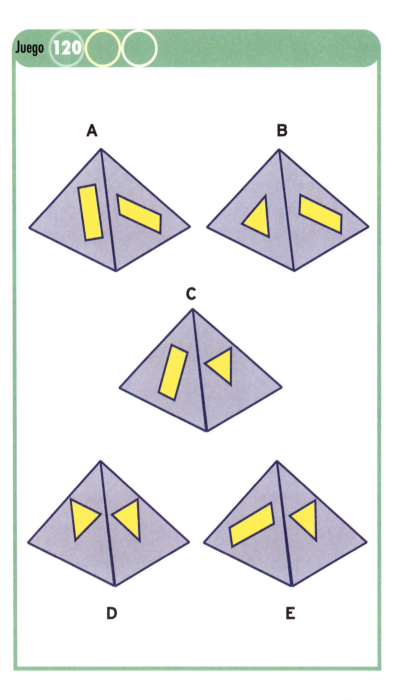

Juego 121

Descubre cuál de estos elementos no está relacionado con los demás.

A

B

C

D

E

Ver solución en la página 174

Juego 122

Averigua cómo sigue la secuencia.

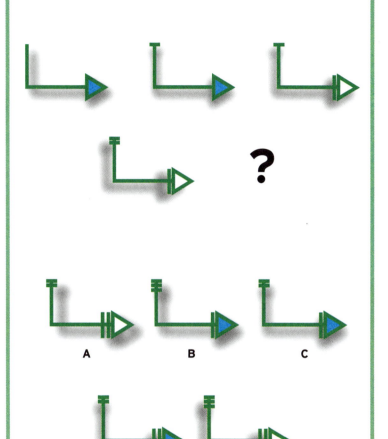

Ver solución en la página 174

Juego 123

Trata de descubrir la endemoniada lógica que rige esta serie de relojes y sustituye el interrogante por la esfera que corresponde.

Ver solución en la página **175**

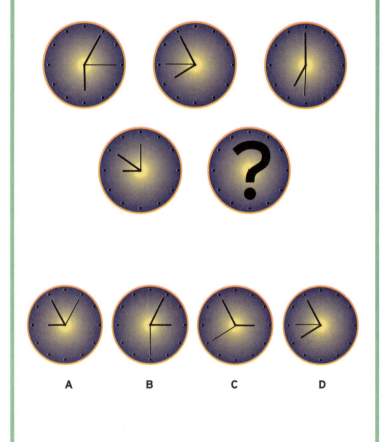

Juego 124

Averigua cuál de estos elementos no está relacionado con los demás.

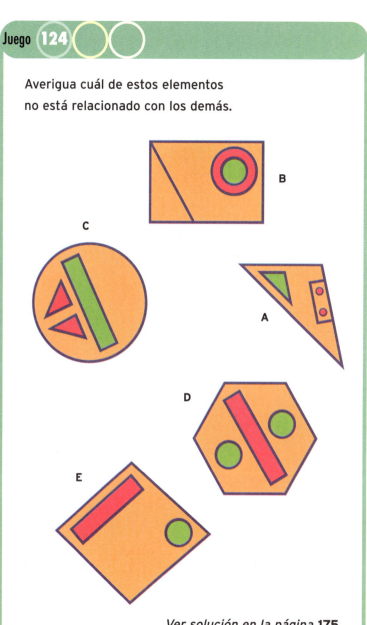

Ver solución en la página 175

Juego 125

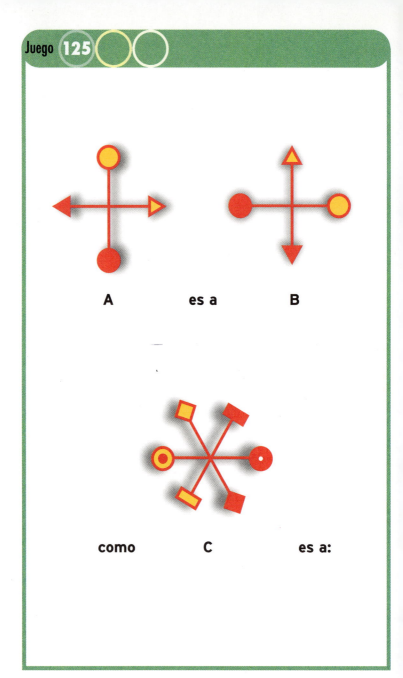

A es a **B**

como **C** es a:

Juego 125

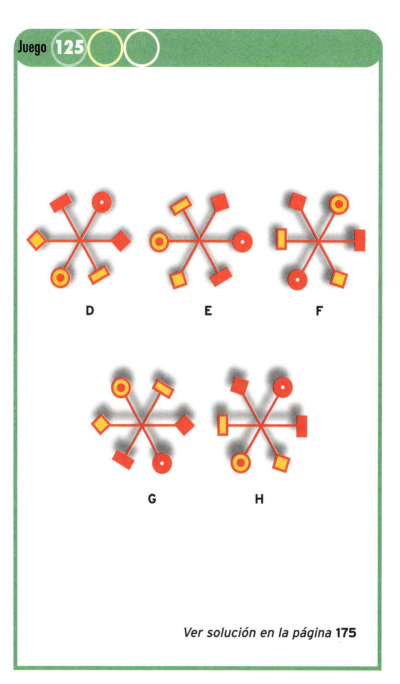

Ver solución en la página **175**

Juego 126

Los valores de los segmentos son tres números consecutivos inferiores a 10. El amarillo vale 7 y la suma de los segmentos es igual a 50.
¿A cuánto equivalen los segmentos azul y verde?

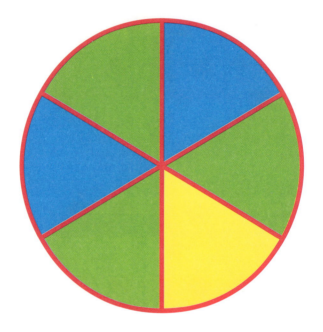

Ver solución en la página 175

Juego 127

Descubre a cuánto equivale el interrogante.

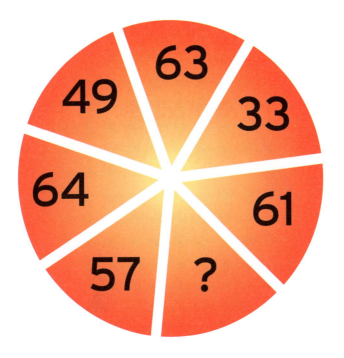

Ver solución en la página 175

Juego 128

Observa estos triángulos. ¿Qué forma geométrica sería lógico que contuviera el cuarto triángulo?

Ver solución en la página 175

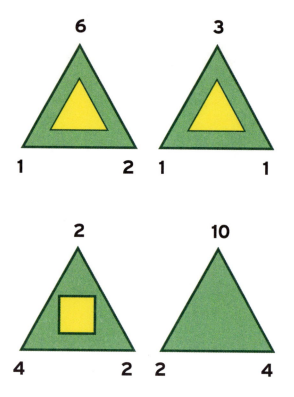

Juego 129

Descubre dónde debe colocarse otro punto.

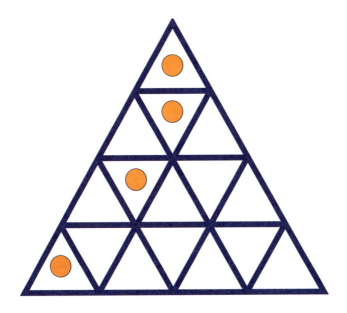

Ver solución en la página **175**

Juego 130

Averigua cómo sigue la secuencia.

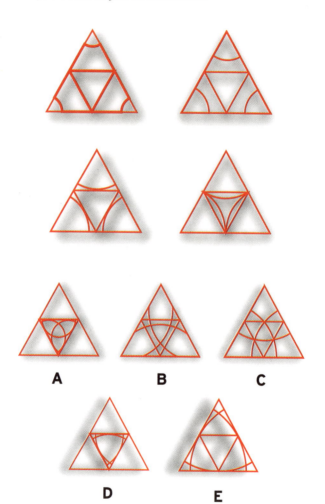

Ver solución en la página 175

Juego 131

Descubre cuál de estos elementos no está relacionado con los demás.

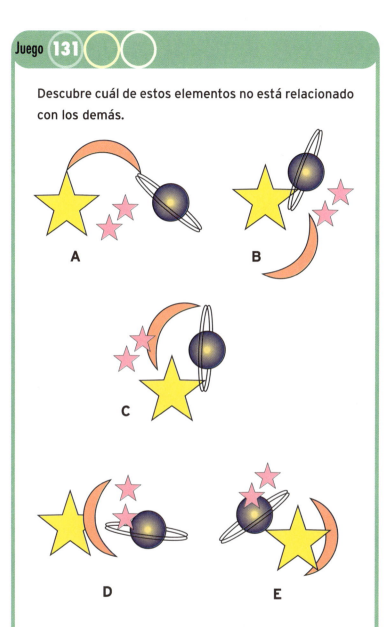

Ver solución en la página 175

Juego 132

Los dibujos ilustran distintas imágenes de un cubo. Descubre cuál sería la cara oculta que indica la X.

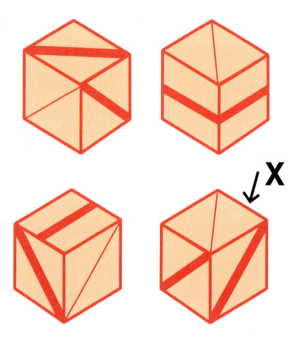

Juego 132

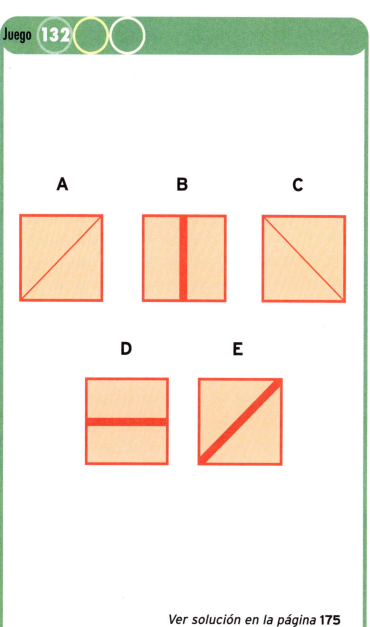

Ver solución en la página **175**

Soluciones

1 B y H.

2 16. Todos los demás números se pueden dividir entre 3.

3 Mitad superior: + +; mitad inferior: + −.

4 E. Gira 90° el diagrama en el sentido de las agujas del reloj.

5 A y L. Los números son 3, 4, 6 y 9.

6 5 x 4 ÷ 2 + 7 = 17.

7 C. El número del centro es la suma de los cuadrados de los números de las puntas de los triángulos. C no se ajusta a este patrón.

8 2. Se refiere al número de formas que contienen cada figura.

9 Añil y violeta (colores del arco iris).

10 D.

11 Mitad superior: x ÷; mitad inferior: ÷ x.

12 B, F y N.

13 4 lunas. Sol = 9; Luna = 5; Nube = 3.

14 26. Los dígitos de cada una de las otras bolas suman 10.

15

16 8. Se resta el ángulo inferior izquierdo del ángulo superior del mismo lado. Después, se sustrae el ángulo inferior derecho del ángulo superior del mismo lado; luego, se resta esta solución de la primera diferencia y, finalmente, se coloca el número en el centro.

17 Tres nubes y una luna. Sol = 6; Luna = 7; Nube = 9.

18 El rombo. Es una forma cerrada.

19 3. Los números de cada rueda suman 30.

20 6 + 7 + 11 ÷ 3 x 2 + 5 − 12 = 9.

21 27. Uno de los números del primer círculo se eleva al cuadrado y el resultado se traslada al segmento correspondiente del segundo círculo. El número original posteriormente se eleva al cubo y el resultado se coloca en el segmento correspondiente del tercer círculo.

22 F. Los números formados por números impares se invierten.

23 Una flecha. Óvalo = 1, Flecha = 2, Rombo = 3.

24 C. En los demás casos, la suma de las formas pequeñas da como resultado la forma grande.

25 6:50. La manecilla de los minutos retrocede 5, 10 y 15 minutos, mientras que la de las horas avanza 1, 2 y 3 horas.

26 35. Estrella = 6; Marca = 3; Cruz = 17; Círculo = 12.

27 C. En todos los demás casos, la forma más grande es también la más pequeña.

28 C. La manecilla de los minutos avanza 5 minutos, mientras que la de las horas avanza 3 horas.

29 C. El segmento más pequeño gira 90 grados en el sentido de las agujas del reloj. El segmento mediano permanece estático. El más grande gira 90º en sentido contrario a las agujas del reloj.

30 B.

31

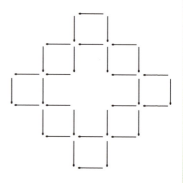

32 B. No hay ninguna intersección triangular.

33 B. En todos los demás casos, el círculo más pequeño se encuentra dentro del círculo más grande.

34 B. La manecilla de los minutos retrocede 15 minutos y la de las horas avanza 3 horas.

35 H. Los símbolos son reflejos de cada uno.

36 B. La secuencia es menos un punto, más dos puntos; por cada punto añadido o restado, la caja gira una posición en sentido contrario a las agujas del reloj.

37 E y M.

38 R. Se multiplica por 2 el valor de las tres primeras letras, según la posición que ocupan en el alfabeto. La solución se encuentra en el triángulo opuesto.
I (9) x 2 = 18 (R).

39 4 x 7 ÷ 2 + 8 + 9 x 6 ÷ 3 = 62.

40 42. Se multiplica el número superior derecho por el número inferior izquierdo o el número superior izquierdo por el número inferior derecho.

41 D es un error, porque el punto aparece dentro de tres formas. En el resto, el punto aparece dentro dos formas.

42 11. Los colores valen Marrón 1, Verde 2, Naranja 3, Amarillo 4, Rosa 5, Rojo 6, Violeta 7. Se suman los números exteriores en cada segmento y se coloca el resultado en el centro del segmento siguiente en el sentido de las agujas del reloj.

43 D.

44 3. Los números rotan de un cuadrado al siguiente en sentido contrario a las agujas del reloj y cada vez que lo hacen disminuyen en 2 unidades.

45 9. Se multiplican los valores en los mismos segmentos en las ruedas 2 y 3 y se coloca la respuesta en el siguiente segmento en la rueda 1, en el sentido de las agujas del reloj.

46 Se suma el número de segmentos de la columna 1 al número de segmentos de la columna 3 y después se dibuja este número de segmentos en la columna 2.

47 15. Se toma el número de minutos de las horas, se le suman los minutos y se divide el resultado entre 10. Se ignora el resto.

48 E. Se añaden dos círculos y dos líneas, se quita uno de cada uno y se repite la operación. El modelo también gira cada vez 90° en sentido contrario a las agujas del reloj.

49 27. Se suman todos los números de cada cuadrado. Para el amarillo se añade 5 y para el verde se resta 5. Después, se intercambian los números en los cuadrados verde y amarillo contiguos.

50 C.

51 A. Cada anillo contiene una cruz más que el ejemplo anterior; además, la primera y la última cruz de cada círculo adyacente se encuentran al mismo nivel.

52 F. Los círculos y los cuadrados se convierten en cuadrados y círculos, respectivamente. El elemento más grande pierde todos los elementos internos.

53 Empezando en los extremos opuestos, los símbolos se mueven de forma alterna una y dos casillas en el sentido de las agujas del reloj alrededor del exterior de la cuadrícula.

54 A.

55 D. Se suman las esquinas consecutivas del primer rombo en el sentido de las agujas del reloj y se coloca la suma en la segunda esquina correspondiente. Se suman los cuatro números del primero y se coloca el resultado en el centro del segundo.

56 No. 2. Se toma el primer dígito del peso del segundo para llegar a la nueva cifra.

57 B. En cada caso de esta serie el cuadrado se convierte en el círculo, el triángulo en el cuadrado y el círculo en el triángulo.

58 92. Se multiplican los números de los ángulos diagonalmente opuestos de cada cuadrado y se suman los totales. Se coloca la suma en el tercer cuadrado siguiente.

59 3:13. La hora de inicio A menos la de finalización A es igual a la hora de finalización B. La hora de inicio B menos la de finalización B es igual a la hora de finalización C, etc.

60 D. Es el único al que puede añadirse un círculo donde el triángulo coincide con el círculo y en el que una línea en ángulo recto corre paralela a todo un lado del triángulo.

61 C. Cada fila y columna debe contener dos cuadrados naranjas y dos verdes.

62 B.

63 3.

64 J. Todas las demás tienen una pareja coincidente.

65 E. Todos los elementos poseen 3 líneas rectas, excepto «E», que posee 4.

66 2.

67 44. Los números se incrementan en el sentido de las agujas del reloj, saltándose un rayo cada vez, y luego dos en el cuarto paso. Cada círculo se incrementa en una cantidad diferente (2, 3, 4).

68 B.

69 B. Los demás tienen el mismo número de líneas rectas y curvas.

70 Las secciones correspondientes de cada rueda contienen una sección sombreada en cada compartimiento.

71 Partiendo de una línea vertical, primero se refleja el punto con respecto a esa línea y después con respecto a cada línea siguiente en el sentido de las agujas del reloj.

72 F. Los elementos pequeños y grandes se vuelven grandes y pequeños respectivamente.

73 9. Los números rotan en el sentido de las agujas del reloj y cada vez que lo hacen aumentan 1 unidad.

74 B. Es la única que posee un número impar de líneas horizontales.

75 C. El número de círculos pequeños es igual al número de aristas de la forma, excepto en C, donde hay un círculo más que aristas.

76 10. Se suma 2 a cada valor, se coloca el resultado en la posición correspondiente en el siguiente triángulo, después se resta 3 y se vuelve a sumar 2.

77 18. Se multiplican los números de la parte exterior, se invierte el resultado y se coloca en el centro de la siguiente sección.

78 20. Se multiplican las horas por los minutos y se divide el resultado entre 3 para obtener el número del ciclista.

79 Adelante, atrás, adelante, atrás.

80 48. En cada cuadrado de cuatro números, se multiplican los dos números de arriba, se coloca el resultado en la casilla inferior derecha, después se resta el número superior de la derecha del que se encuentra en la parte inferior de ese lado y se coloca la diferencia en la casilla inferior izquierda.

81

82 Amarillo. Rojo = 2; Verde = 5; Azul = 7; Amarillo = 9. (Los números se suman para conseguir los totales.)

83 B. Cada arco se acerca a su extremo opuesto en una cantidad igual cada vez.

84 1956. Los números representan los años bisiestos comenzando por el vértice de los triángulos y siguiendo en el sentido de las agujas del reloj. Se omite un año bisiesto cada vez.

85 9:05. El minutero se adelanta 25 minutos y la manecilla de las horas se atrasa 5 horas.

86 13.

87 B. Es la única figura que no contiene tres cuadros alineados.

88 C.

89 987. El número del tractor se divide entre el peso de las patatas para obtener la superficie cultivada. Los pesos aparecen desordenados.

90 6. En cada cuadrado, se multiplica la parte superior e inferior izquierda, después se multiplica la parte superior e inferior derecha. Se resta este segundo producto del primero y se coloca el resultado en el centro.

91 384. Se parte de la esquina superior derecha hacia abajo formando un bustrófedon vertical, multiplicando por 4 y dividiendo por 2 de forma alterna.

92 Se añade una hoja. Luego dos pétalos. Se resta un pétalo y se añade una hoja. Después se repite el proceso.

93 11. Se multiplica por 3 el número de lados de cada número y después se resta el número impreso.

94 9. Se multiplican los dos números exteriores de cada segmento y se divide el resultado entre 2 y 3 de forma alterna. Después se coloca el nuevo número en el centro del segmento opuesto.

95 56. (Cabeza x pie izquierdo) ÷ cintura = mano derecha; (cabeza x pie derecho) ÷ cintura = mano izquierda. (14 x 15) ÷ 5 = 42; (14 x 20) ÷ 5 = 56.

96 D. Toda la figura se refleja en una línea horizontal. Cualquier forma que contenga líneas rectas se gira 90° en el sentido de las agujas del reloj y desaparece un punto que se encuentre en una forma redonda.

97 E. Los cuadrados cuyas líneas van desde la parte inferior izquierda a la superior derecha contienen flechas que apuntan hacia arriba o hacia la derecha. Los cuadrados cuyas líneas van desde la parte inferior derecha hasta la parte superior izquierda contienen flechas que apuntan hacia abajo o hacia la izquierda.

98 G.

99 11. Es una serie de números primos.

100 91. Todos los demás son números primos.

101 5. La suma de tres números de una línea horizontal equivale al cuarto número.

102 A. Se multiplican los primeros y los últimos dígitos. Se resta el segundo dígito para calcular las horas y se suma el tercero para los minutos.

103 B y F.

104 D. La fórmula es: (derecha x fracción sombreada de la izquierda) - (arriba x fracción sombreada de abajo) = número de lados de la forma central. Por tanto, en el ejemplo D: (18 x $\frac{2}{3}$ [12]) - (12 x $\frac{3}{4}$) [9] = 3. La forma resultante debe ser de 3 lados, de modo que es la impar.

105 105. Los colores valen Amarillo 4, Rosa 5, Verde 6, Naranja 7. Se suma el valor del color al número de cada cuadrado.

106 19. Los colores valen Naranja 3, Verde 4, Rojo 5, Violeta 7.

107 77. Los colores valen Violeta 3, Verde 4, Amarillo 6, Naranja 9. Se suma el lado izquierdo y el lado derecho y se multiplica el resultado por la base. Este es el resultado 1. Seguidamente se suman los dos colores internos de la parte superior y se restan los de la parte inferior. Este es el resultado 2. Después se resta el resultado 2 del resultado 1.

108 D.

109 34. Los colores valen Verde 3, Rojo 4, Amarillo 5, Violeta 7. Se suman los colores de cada cuadrado.

110 Caerá.

111 27. Los colores valen Amarillo 2, Rojo 3, Verde 4, Violeta 6. Se multiplican los lados del triángulo para obtener el resultado 1. Se suman los colores del interior para obtener el resultado 2. Finalmente se resta el R2 del R1 para obtener la solución.

112

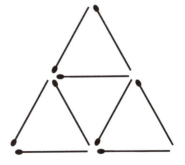

113 17. Los colores valen Naranja 6, Rojo 1, Violeta 7, Verde 3. Se suman los colores de la misma línea.

114 26. Los colores valen Rojo 3, Amarillo 6, Violeta 8, Verde 9.

115 D. Los símbolos giran 180° y 90° de forma alterna. El círculo y el cuadrado intercambian posiciones, mientras que el rombo y el rectángulo intercambian el sombreado.

116 Las horas se atrasan 3, 4, 5 y 6 horas. Los minutos se adelantan 4, 8, 16 y 32 minutos. Los segundos se atrasan 1, 2, 3 y 4 segundos. La hora del quinto reloj debe ser 21:14:51.

117 28. Los colores valen: Violeta 5, Naranja 2, Amarillo 3, Verde 6. Se suman los colores de cada línea.

118 C.

119 A.

120 A.

121 D. En los demás casos, el número de piezas transversal de la izquierda se multiplica por el número de piezas transversales que se encuentran a la derecha. Todos dan el mismo resultado, excepto D.

122 D. Se añade una pieza transversal cada vez, alternando entre la adición vertical y horizontal. Una pieza transversal vertical conlleva el cambio de color de la punta de la flecha.

123 D. La manecilla de los segundos se adelanta 30 y se atrasa 15 segundos de forma alterna, el minutero se atrasa 10 minutos y se adelanta 5 minutos de forma alterna, y la manecilla de las horas se adelanta 2 horas y se atrasa 1 hora de forma alterna.

124 D. Es el único en el que el número de lados de la forma exterior es igual a la suma de los lados de las formas interiores. (6 = 6)

125 H. Se gira una posición en el sentido de las agujas del reloj y se refleja en una línea horizontal que atraviesa el centro de la figura.

126 Azul = 8; Verde = 9.

127 1. A partir de 64, se resta 1, 2, 4, 8, 16, 32, saltándose un número cada vez y siguiendo el sentido de las agujas del reloj.

128 Un cuadrado. Si la suma de los tres números situados alrededor del triángulo es igual a un número par, la forma es un cuadrado; si es impar, entonces es otro triángulo.

129 En el penúltimo triángulo de la fila inferior. La secuencia del punto, comenzando desde arriba y avanzando de izquierda a derecha es: saltarse 1 triángulo, punto, saltarse 2, punto, saltarse 3, punto, saltarse 4.

130 C. Las líneas curvas invaden progresivamente el espacio interior del triángulo.

131 D. Falta una punta de la estrella.

132 D.

Notas